Yaacov Zinvirt

Ivrith scheli – Bichtav
Mein Hebräisch – Schreibschrift
My Hebrew – Handwriting

Jüdisches Lehrhaus – lebendiges Judentum

Schulbücher

herausgegeben von

Yaacov Zinvirt

Band 2

LIT

Yaacov Zinvirt

Ivrith scheli – Bichtav
Mein Hebräisch – Schreibschrift
My Hebrew – Handwriting

Ein Schreibschriftlehrbuch für Anfänger

LIT

∞

Gedruckt auf alterungsbeständigem Werkdruckpapier entsprechend
ANSI Z3948 DIN ISO 9706

Bibliografische Information der Deutschen Nationalbibliothek
Die Deutsche Nationalbibliothek verzeichnet diese Publikation in der Deutschen Nationalbibliografie; detaillierte bibliografische Daten sind im Internet über http://dnb.d-nb.de abrufbar.

ISBN 978-3-643-13819-4 (br.)
ISBN 978-3-643-33819-8 (PDF)

Verlagskontakt:
Fresnostr. 2 D-48159 Münster
Tel. +49 (0) 2 51-62 03 20
E-Mail: lit@lit-verlag.de http://www.lit-verlag.de

Auslieferung:
Deutschland: LIT Verlag, Fresnostr. 2, D-48159 Münster
Tel. +49 (0) 2 51-620 32 22, E-Mail: vertrieb@lit-verlag.de

E-Books sind erhältlich unter www.litwebshop.de

Dieses Buch widme ich unserer lieben Schoschana. 

Ivrith scheli - Bichtav

Mein Hebräisch - Schreibschrift

Ein Schreibschriftlehrbuch für Anfänger

Autor

Rabbiner Yaacov Zinvirt, in Jerusalem geboren, seit sieben Generation in Israel ansässig, direkter Nachfahre von Rabbiner Elimelech aus Lischansk. Abitur, Studium der Religionswissenschaften in Israel, Rabbinerprüfung in Jerusalem. Rabbiner in Berlin, Mainz- Worms, Duisburg-Mülheim-Oberhausen sowie Dozent an der Universität Berlin, Potsdam und Essen.
Verfasser zahlreicher Schriften, u. a. Autor des Buches:
Feste Israels in Papierarbeiten, hänssler ISBN 3-7751-3906-6, *Tor zum Talmud,* Band 1 in der Reihe Jüdisches Lehrhaus - lebendiges Judentum, ISBN 978-3-8258-1882-1, *Hebräisch Lesenlernen und Verstehen*, Band 2, ISBN 978-3-643-10016-0, *Iwrit bukwa sa bukwoj*, Band 3, ISBN 978- 3-643-10612-4, *Hebräisch-jüdisches Schülerlehrbuch,* Band 4, ISBN 978-3-643-12894-2, LIT-Verlag.

Mein Dank gebührt allen Mitwirkenden!

Illustratorin

Frau Polina Livshits

Polina Livshits studierte an der Kunsthochschule in Offenbach Grafik Design und Illustration. Bis zu ihrem 18. Lebensjahr lebte sie in Moldawien und Russland, hat sich aber nach ihrer Ankunft in Deutschland darin verliebt. Sie singt in einer Band, schreibt lustige Lieder und träumt davon, ihr Leben auf Reisen zu verbringen, um ihre Eindrücke in Kinderbüchern zu reflektieren.
Frau Livshits hat bereits die vorangegangenen Bücher Hebräisch-jüdisches Schülerlehrbuch und Ivrith scheli illustriert.

Gleichzeitg bedanke ich mich bei **Herrn Markus Schroll** s. A. und **Herrn Michael Gärtner** für Ihre freundliche Unterstützung.

Meiner lieben Frau Betty, Diplom-Chemikerin und wissenschaftliche Mitarbeiterin, danke ich von Herzen für ihre stete Unterstützung, bei der Lektorarbeit und Mitgestaltung des Schülerlehrbuches sowie unseren lieben Kindern, die mich durch ihre schönen Ideen täglich bereichern.

Mein besonderer Dank gilt der

Brodt Foundation

Gemeinnützige Stiftung

Die Veröffentlichung dieses Buches wurde durch

die finanzielle Unterstützung der Brodt Foundation ermöglicht.

תוכן העניינים

פרק	עמוד	אותיות דומות	אותיות	מילים
1	11	ה, ח, נ, ר		הַר, נָהָר, נָח, נָחָה, חַנָה, נֵר
2	13		ש	שַׁחַר שָׁר, שָׂרָה, נָחָשׁ, יִשַׁי, שִׁיר
3	15	ו, י, ן, ת		נוּן, יִשַׁי, רִינָה, וָו, תָו
4	17		א	אֲנִי, אַתָה, אַתְ, הוּא, הִיא
5	19	כּ, ך		כֵּן, חֲנֻכָּה, חֲנֻכִּיָה, כִּיתָה, כָּרִיךְ
6	21		בּ, ב	בַּ..., אַבָּא, בָּא, בַּיִת, שַׁבָּת, כּוֹתֵב, כּוֹתֶבֶת, רַכֶּבֶת
	23	תרגיל	ש, א בּ, ב	
7	24		מ	מַחְבֶּרֶת, מַחְשֵׁב, תָמָר, מַתָנָה, אִמָא, מִי, מוֹרָה, מַה
8	26		ם	אֵם, הֵם, נָחִים, שָׁרִים, כּוֹתְבִים, בָּאִים, הָרִים, בָּתִים
9	28	ס, ק		סָמֶךְ, סַבָּא, קַלְמָר, סַבְתָא, רַק
10	30		ל	חֲתוּלָה, בָּלוֹן, שׁוּלְחָן, חַלָה, לְ..., תוּלִי, לֹא, לָבָן, כָּחוֹל, שֶׁל, שֶׁלִי
	32	תרגיל	מ, ם, ל	
11	33		ד	נַדְנֵדָה, דְלִי, דָוִד, דָנִיאֵל, חָדָשׁ, חֲדָשָׁה, לְיַד, תַלְמִיד, תַלְמִידָה

				לוֹמְדִים
12	35		ג	גַּם, גִּימֶל, דָּג, דֶּגֶל, גָּדוֹל, גָּר, גָּרָה
13	37		ה	רִינָה, הַר, חֲתוּלָה, כִּיתָה, נָחָה שָׂרָה, מַה, הִיא, חַנָּה, מַתָּנָה, הַ..., מוֹרֶה, מוֹרָה, תַּלְמִידָה, חֲדָשָׁה
14	39		ו	וָו, דָּוִד, מוֹרֶה, מוֹרָה, הוּא, לוֹמֵד, מַתָּנוֹת, וְ..., נַדְנֵדוֹת, הוֹלֵךְ, הוֹלֶכֶת, הוֹלְכוֹת
	41	תרגיל	ד, ג ה, ו	
15	42		כ	כּוֹת, כַּמֶּרֶת, כֵּה, כַּמָּר, כָּל, כָּכָה, כֵּלִים
16	44		ח	שַׁחַר, נָח, חַנָּה, נָחָה, נָחָשׁ, חַלָּה, מַחְשֵׁב, חָדָשׁ, מַחְבֶּרֶת, חֲדָשָׁה, חֲתוּלָה
17	46		ט	גִּיטָרָה, טֶלֶוִיזְיָה, יַלְקוּט, קָטָן, קְטַנָּה
18	48		י	אֲנִי, רִינָה, שִׁיר, יִשַׁי, בַּיִת, יֵשׁ, דְּלִי, יַעַר, אַרְיֵה, לְיַד, גִּיטָרָה, כֵּלִים
	50	תרגיל	כ, ח ט, י	

19	51		כּ, כ	חֲנֻכִּיָּה, רַכֶּבֶת, כִּיתָּה, כֵּן, הוֹלֶכֶת, אוֹכֵל, חֲנֻכָּה, כּוֹתֵב, כּוֹתֶבֶת
20	53		ך	כָּרִיךְ, הוֹלֵךְ, אֵיךְ, כָּךְ
21	55		נ	חַנָּה, מַתָּנָה, חֲנֻכִּיָּה, נָחָשׁ, נָח, נָחָה, נֵר, חֲנֻכָּה, נָהָר, רִינָה, נַדְנֵדָה
22	57		ן	נוּן, שׁוּלְחָן, כֵּן, בָּלוֹן, קָטָן, לָבָן, שׁוּלְחָן, אֵין
	59	תרגיל	כ, ך נ, ן	
23	60		ע	נַעַל, שַׁעַר, יַעַר, עַל, עִבְרִית, עִם
24	62		פּ, פ	אִיפָּרוֹן, פַּרְפָּר, פֹּה, אֵיפֹה, פֶּרַח, עֲפִיפוֹן, פוּנִי, מִיקְרוֹפוֹן
25	64		ף	אָף, סוֹף
	66	תרגיל	ע, פ, ף	
26	67		ס	סִפְרִיָּה, סַבָּא, סַבְתָּא, סֵפֶר, סְפָרִים, בֵּית סֵפֶר
	69	תרגיל	ס	
27	70		צ	צֶבַע, צָדִי, רוֹצֶה, רוֹצָה
28	72		ץ	מִיץ, עֵץ
	74	תרגיל	צ, ץ	
29	75		ק	קַלְמָר, יַלְקוּט, קָטָן, רַק

	77	תרגיל	כ, ק	מִיקְרוֹפוֹן
30	78		ר	רִינָה, שָׂרָה, שִׁיר, צַמָר, שָׁר, יַעַר, אַרְיֵה, פַּרְפַּר, פֶּרַח, קַלְמָר, מַחְבֶּרֶת, כָּרִיךְ, רַק, רַכֶּבֶת, תָּמָר, רִינָה, גִּיטָרָה, שַׁרְשֶׁרֶת, מִיקְרוֹפוֹן, מְדַבֵּר, תָּמָר, שַׁחַר
31	80		שׂ	יִשְׂרָאֵל, שָׂרָה, מְשַׂחֵק, מְשַׂחֶקֶת, מְשַׂחֲקִים
	82	תרגיל	שׂ	
32	83		ת	שַׁרְשֶׁרֶת, מַתָּנָה, כִּיתָּה, מַחְבֶּרֶת, רַכֶּבֶת, בַּיִת, תָּמָר, כּוֹתֶבֶת, אוֹת, חֲתוּלָה, תּוּתִּי
	85	תרגיל	ר, ת	
33	86	חַ בסוף מילה		תַּפּוּחַ, לוּחַ
34	87	ג׳, צ׳, ז׳		גִ׳ירָפָה, ג׳וּנְגֶּל, צָ׳קֶט, צָ׳ק, זְ׳יטָה, זֶ׳לוֹ
35	92	תרגילים	ך	
	93		ם	
	94		ן	
	95		ף	
	96		ץ	

א ב ג ד ה ו ז ח ט י כ ל מ נ ס ע פ צ ק ר ש ת

א ב ג ד ה ו ז ח ט י כ ל מ נ ס ע פ צ ק ר ש ת

לְצַיֵּר עִגּוּל :

1. הַ | הְ הַ הֵ הֻ הֶ הַ הָ

2. חַ | חִ חֻ חַ חָ חֶ חַ חְ

3. נָ | נָ נֵ נֻ נִ נְ נָ נַ

4. רֵ | רֶ רָ רִ רְ רֻ רֵ רֵ

ה = ה
ח = ח
נ = נ
ר = ר

לְצַיֵּר עִגּוּל :

1. ה | ח ה נ ח נ ה ר ח ה ר ח ה

2. ח | ר ח ה ח נ ח ר ה ר ח ה ח

3. נ | ר ח נ ה ח נ ר נ ה נ ה נ

4. ר | ר ח ה ר ח ר ח נ ה ר ח נ

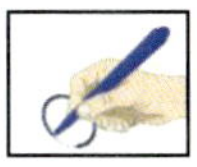  לְצַיֵּר עִגּוּל, לְחַבֵּר מִלָּה וְצִיּוּר :

1. הַר | נָח, הַר, נָח, חַנָה, נֵר, הַר

2. נָהָר | חַנָה, נֵר, נָהָר, נָחָה, נָהָר

3. נָח | נֵר, הַר, נָח, חַנָה, הַר, נָח

4. חַנָה | הַר, חַנָה, נָהָר, נָחָה, חַנָה

5. נָחָה | נָחָה, חַנָה, נָהָר, נָח, נָחָה

6. נֵר | הַר, נֵר, נָהָר, נֵר, נָח, נֵר

 לְחַבֵּר מִשְׁפָּט וְצִיּוּר :

1. פֹּה נָהָר.

2. בּוֹכָה חַנָה.

3. פֹּה הַר.

4. פֹּה נֵר.

א בּ ב ג ד ה ו ז ח ט י כּ כ ל מ נ ס ע פּ פ צ ק ר שׁ שׂ ת

כָּךְ כּוֹתְבִים ש בִּכְתָב.

ש ש

לִכְתּוֹב ש :

ש ש ש ש ש ש

ש ש ש ש ש ש

שַׁ שִׁ שֵׁ שׁוֹ

אוֹת ש בִּכְתָב.

1. שַׁ שִׁ שֵׁ שָׁ שֶׁ שֻׁ שְׁ שׁוֹ

2. אוֹת ש בִּכְתָב.

3. שַׁחַר נָח.

4. הַנָּחָשׁ נָח.

5. שַׁחַר שָׁר.

6. חַנָּה שָׁרָה.

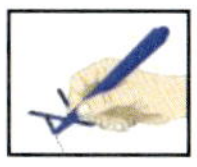 לִכְתּוֹב ש :

1. שַׁחַר שָׁר? כֵּן, שַׁחַר שָׁר. 

2. חַנָּה שָׁרָה? כֵּן, חַנָּה שָׁרָה. 

3. יִשַׁי שָׁר? לֹא, יִשַׁי נָח. שְׁ שְׁ שְׁ 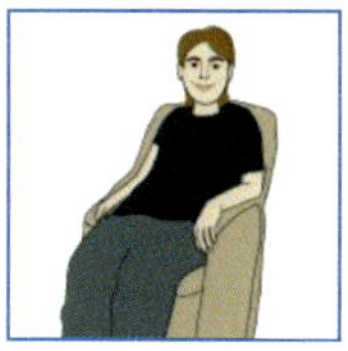

4. הַנָּחָשׁ שָׁר? לֹא, הַנָּחָשׁ נָח. שְׁ שְׁ שְׁ 

5. מָה שַׁחַר שָׁר?

שַׁחַר שָׁר שִׁיר. שַׁחַר שָׁר: שַׁ שִׁ שֵׁ שָׁ שֶׁ שֻׁ

6. מָה חַנָּה שָׁרָה?

חַנָּה שָׁרָה שִׁיר. חַנָּה שָׁרָה: ___ ___ ___ ___ ___ ___

 הַכְתָּבָה :

1. _חַר _ָר: _ _  הַנָּחָ_ נָח: _ _ 

א ב ג ד ה ו ז ח ט י כ ל מ נ ס ע פ צ ק ר ש ת

א ב ג ד ה ו ז ח ט י כ ל מ נ ס ע פ צ ק ר ש ת

לְצַיֵּר עִגּוּל:

1. וְ
2. יִ
3. ז
4. תָּ

ו = ו
י = י
ז = ז
ת = ת

לְצַיֵּר עִגּוּל:

1. ו | ח ו נ י ו ה ש ן ו ר ת ו
2. י | י ח ן ו נ ן י ש ר ת ה י
3. ז | ר ח נ ה ן נ ו ת נ ן נ ן
4. ת | ר ת ה ר ח ר ת ח ה ר ש ת

  לְצַיֵּר עִגּוּל, לְחַבֵּר מִלָּה וְצִיּוּר:

1.	נוּן	נָח, נוּן, תָּו, נָח, וָו, יִשַׁי, נוּן
2.	יִשַׁי	יִשַׁי, שָׁר, נָהָר, יִשַׁי, תָּו, יִשַׁי
3.	רִינָה	וָו, תָּו, רִינָה, חַנָּה, רִינָה
4.	וָו	וָו, חַנָּה, נָחָה, יִשַׁי, נוּן, וָו
5.	תָּו	נָהָר, תָּו, חַנָּה, תָּו, וָו, תָּו

 לְחַבֵּר מִשְׁפָּט וְצִיּוּר:

1. זֶה יִשַׁי.

2. זֹאת וָו.
3. זֹאת תָּו.
4. זֹאת נוּן.

5. זֹאת שַׁרְשֶׁרֶת.

א ב ב ג ד ה ו ז ח ט י כ כ ל מ נ ס ע פ פ צ ק ר ש ש ת

כָּךְ כּוֹתְבִים א בִּכְתָב.

לִכְתּוֹב א:

לֹאת א בִּכְתָב.

1. אַ אִ אֵ אָ אֶ אֻ אְ אוֹ

2. לֹאת א בִּכְתָב.

3. אֲנִי שַׁחַר.

4. אֲנִי רִינָה.

5. אֲנִי חַנָה.

6. אֲנִי יִשַׁי.

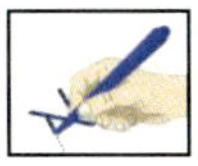
לִכְתּוֹב ש :

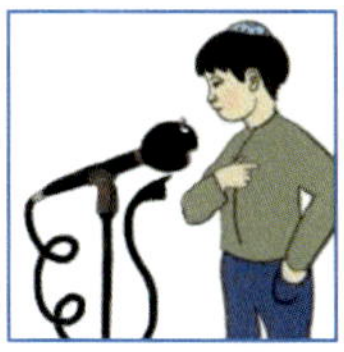

1. אַתָּה שַׁחַר? כֵּן, אֲנִי שַׁחַר.

2. אַתְּ רִינָה? כֵּן, אֲנִי רִינָה.

3. אַתָּה נָחָשׁ? כֵּן, אֲנִי נָחָשׁ.

4. אַתְּ חַנָּה? לֹא, אֲנִי רִינָה.

5. אַתְּ רִינָה? לֹא, אֲנִי חַנָּה.

6. מִי הוּא? הוּא יִשַׁי.

7. מִי הִיא? הִיא רִינָה.

הַכְתָּבָה :

1. אֲנִי שַׁחַר.

אֲנִי חַנָּה.

2. אֲנִי יִשַׁי.

אֲנִי רִינָה.

א בּ ג ד ה ו ז ח ט י כּ ל מ נ ס ע פּ צ ק ר ש ת

א בּ ג ד ה ו ז ח ט י כּ ל מ נ ס ע פּ צ ק ר ש ת

ך ן

לְצַיֵּר עִגּוּל :

1. כַּ	כֻּ כַּ כֵּ כַּ כִּ כְּ כָּ
2. ךְ	ן ךְ ן ךְ ן ךְ ן
3. כֶּ	כַּ כֶּ כֵּ כֻּ כִּ כֶּ כְּ
4. ךְ	ךְ כַּ ךְ כָּ ךְ ךְ כָּ

כּ = כּ

ךְ = ך

כָּךְ

לְצַיֵּר עִגּוּל :

1. כ	ח כ ה כ ש ה ש כ ת ר ת כ
2. ך	כ ח ך כ ך ן ו ש ך ת ך ך
3. ה	ר ח ת ה ן ן ה ת ח ה ר ך
4. ח	ה ת ה ר ח ר ת ח ה ר ח ת

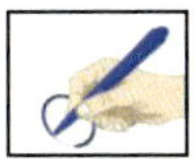  לְצַיֵּר עִגּוּל, לְחַבֵּר מִלָּה וְצִיּוּר:

1. כֵּן	חֲנֻכִּיָּה, כָּרִיךְ, כָּרִיךְ, כֵּן	 
2. חֲנֻכָּה	כִּיתָּה, חֲנֻכִּיָּה, כֵּן, חֲנֻכָּה	
3. כִּיתָּה	כָּרִיךְ, כֵּן, חֲנֻכִּיָּה, כִּיתָּה	
4. חֲנֻכִּיָּה	כֵּן, חֲנֻכָּה, כָּרִיךְ, חֲנֻכִּיָּה	
5. כָּרִיךְ	חֲנֻכִּיָּה, כָּרִיךְ, כֵּן, כָּרִיךְ	

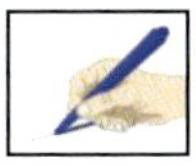 לְחַבֵּר מִשְׁפָּט וְצִיּוּר:

1. זֶה כָּרִיךְ.
2. זֹאת חֲנֻכִּיָּה.
3. זֹאת כִּיתָּה.
4. אַתָּה שַׁחַר? כֵּן, אֲנִי שַׁחַר.
5. אַתְּ רִינָה? כֵּן, אֲנִי רִינָה.

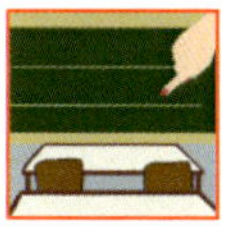
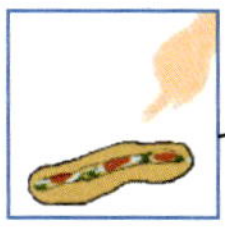

אבּגדהוזחטיכּלמנסעפּצקרשׁת
ב כ פ ש

כָּךְ כּוֹתְבִים בּ בִּכְתָב.

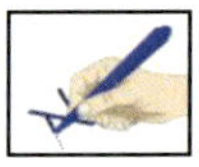

לִכְתּוֹב בּ:

בּ בּ בּ בּ בּ בּ

בּ בּ בּ בּ בּ בּ

בּ | בּ | בּ | בּ

לִכְתּוֹב בּ בִּכְתָב.

1. בַּ בֵּ בִּ בֶּ בָּ בֻּ בְּ בּוֹ

2. לִכְתּוֹב בּ בִּכְתָב.

3. לִכְתּוֹב בּ בִּכְתָב.

4. אַבָּא בַּבַּיִת.

5. אַבָּא בָּא.

6. שַׁבָּת בַּבַּיִת.

לִכְתוֹב ב, ב:

1. אַבָּא בַּבַּיִת? כֵּן, אַבָּא בַּבַּיִת.

2. שַׁבָּת בַּבַּיִת? כֵּן, שַׁבָּת בַּבַּיִת.

?

3. מִי בָּא? אַבָּא בָּא.

?

4. מִי כּוֹתֵב בָּרַכֶּבֶת?

שַׁחַר כּוֹתֵב בָּרַכֶּבֶת. שַׁחַר כּוֹתֵב: ב

?

5. מִי כּוֹתֶבֶת בָּרַכֶּבֶת?

חַנָּה כּוֹתֶבֶת בָּרַכֶּבֶת. חַנָּה כּוֹתֶבֶת: בֶּ

6. אַבָּא בָּרַכֶּבֶת? כֵּן, אַבָּא בָּרַכֶּבֶת.

הַכְתָּבָה:

1. א__א __א. | לֹאת __ _כְתָ_.

2. שׁ__ת ___יִת. | א__א ___יִת.

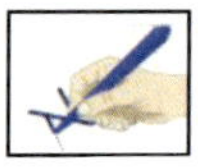

לִכְתֹּב א, ב, ש, לְחַבֵּר מִשְׁפָּט וְצִיּוּר :

1. הוּא שַׁחַר? כֵּן, הוּא שַׁחַר.

2. הִיא חַנָּה? כֵּן, הִיא חַנָּה.

3. אַתָּה אַבָּא? כֵּן, אֲנִי אַבָּא.

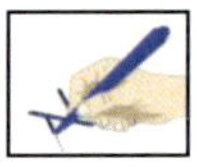

הַכְתָּבָה :

שַׁחַר שָׁר. חַנָּה שָׁרָה. אַבָּא שָׁר.

4. ___ר בַּבַּיִת?

כֵּן, ___ר ___יִת.

5. חַנָּה ___רָה בַּשַּׁבָּת?

כֵּן, חַנָּה ___רָה ___ת.

6. חַ___ר ___ר: ___. חַנָּה ___רָה:

___ר: ___.

אבּגדהוזחטיכּלמנסעפּצקרשׁת
ב כ ם פ שׂ

כָּךְ כּוֹתְבִים מ בִּכְתָב.

מ מ מ מ

לִכְתּוֹב מ:

מ

מ

מָ מֵ מִ מוֹ

זֹאת מ בִּכְתָב.

1. מַ מִ מֵ מָ מֶ מֻ מְ מוֹ

2. זֹאת מ בִּכְתָב.

3. זֹאת מַחְבֶּרֶת.

4. זֶה מַחְשֵׁב.

5. זֹאת תָּמָר.

6. זֹאת מַתָּנָה.

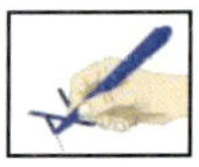

לִכְתּוֹב מ :

1. מִי בַּבַּיִת? ICמָIC בַּבַּיִת.

2. מִי בַּמַּחְבֶּרֶת? תָּמָר בַּמַּחְבֶּרֶת.

3. מִי בַּמַּחְשֵׁב? ICבָּIC בַּמַּחְשֵׁב.

4. מִי בַּכִּיתָּה? הַמּוֹרָה בַּכִּיתָּה.

5. מָה יֵשׁ בַּמַּחְשֵׁב?

בַּמַּחְשֵׁב יֵשׁ מַתָּנָה וּמַחְבֶּרֶת.

6. מָה יֵשׁ בַּמַּחְבֶּרֶת?

בַּמַּחְבֶּרֶת יֵשׁ בַּיִת וּמַחְשֵׁב.

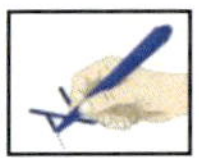

הַכְתָּבָה :

1. מִי בַּמַּחְבֶּרֶת? תָּמָר בַּמַּחְבֶּרֶת.

2. בַּמַּחְשֵׁב יֵשׁ מַתָּנָה וּמַחְבֶּרֶת.

אבגדהוזחטיכלמנסעפצקרשת
ב כ ם פ ש

כָּךְ כּוֹתְבִים ם סוֹפִית בִּכְתָב.

ם ם ם

לִכְתּוֹב ם סוֹפִית :

ם ם ם ם ם ם

ם ם ם ם ם ם

מֵם מֵם מֵם מֵם מֵם

אוֹת ם סוֹפִית בִּכְתָב.

1. הֵם מֵם הֵם מֵם הֵם

2. אוֹת ם סוֹפִית.

3. אוֹת מֵם בִּכְתָב.

4. הֵם נָחִים.

5. הֵם שָׁרִים.

6. הֵם כּוֹתְבִים.

 לִכְתּוֹב מ, ם סוֹפִית:

1. שַׁחַר וְחַנָּה שָׁרִים? כֵּן, הֵם שָׁרִים.

2. אַבָּא וְאִמָּא בָּאִים? כֵּן, הֵם בָּאִים.

3. שַׁחַר וְחַנָּה נָחִים? כֵּן, הֵם נָחִים.

4. מַה יֵּשׁ בַּמַּחְשֵׁב? בַּמַּחְשֵׁב יֵשׁ הָרִים.

5. שַׁחַר וְתָמָר כּוֹתְבִים?

כֵּן, הֵם כּוֹתְבִים. הֵם כּוֹתְבִים מֵם.

6. בַּמַּחְבֶּרֶת יֵשׁ בָּתִּים?

כֵּן, בַּמַּחְבֶּרֶת יֵשׁ בָּתִּים.

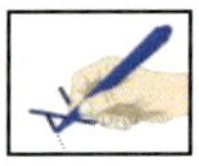 הַכְתָּבָה:

1. שַׁחַר וְחַנָּה שָׁרִים? כֵּן, הֵם שָׁרִים.

2. אַבָּא וְאִמָּא בָּאִים? כֵּן, הֵם בָּאִים.

א ב ג ד ה ו ז ח ט י כ ל מ נ ס ע פ צ ק ר ש ת

א ב ג ד ה ו ז ח ט י כ ל מ נ ס ע פ צ ק ר ש ת

ך ן

לְצַיֵּר עִגּוּל :

1. סַ | סֶ סַ סֻ סִ סֶ סָ סַ
2. קִ | קֻ קִ קָ קֵ קְ קִ קֶ
3. סֶ | סִ סָ סֶ סֻ סֶ סְ סֻ
4. קֶ | קִ קֶ קְ קֵ קָ קֶ קֻ

ס = ס

ק = ק

לְצַיֵּר עִגּוּל :

1. ס | ס ח ק ס כ ה ש ר ס ר ת ס
2. ק | כ ח ק כ ק ק ק ש ר ת ה ק
3. כ | ר ח כ ס כ ק ח ת כ ק נ ק
4. ד | ר ס ק ר ח ק ק ח ק ר ש ק

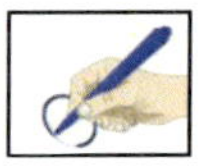  לְצַיֵּר עִגּוּל, לְחַבֵּר מִלָּה וְצִיּוּר:

1.	סָמֵךְ	רַק, קַלְמָר, סַבְתָּא, סָמֵךְ
2.	סַבָּא	סַבָּא, סַבְתָּא, סָמֵךְ, סַבָּא
3.	קַלְמָר	סַבְתָּא, רַק, קַלְמָר, קַלְמָר
4.	סַבְתָּא	רַק, קַלְמָר, סָמֵךְ, סַבְתָּא
5.	רַק	רַק, סַבָּא, רַק, סָמֵךְ, רַק

 לְחַבֵּר מִשְׁפָּט וְצִיּוּר:

1. רַק שַׁחַר נָח.
2. כּוֹת סָמֵךְ.
3. כּוֹת סַבְתָּא.
4. כֵּה סַבָּא.
5. כֵּה קַלְמָר.

אבגדהוזחטיכּלמנסעפּצקרשׁת
ב כ ם פ שׂ

כָּךְ כּוֹתְבִים ל בִּכְתָב.

ל ל ל

לִכְתוֹב ל :

ל ל ל ל ל ל

ל ל ל ל ל ל

לָ | לִ | לֶ | לוֹ לוֹ וֹ

זֹאת ל בִּכְתָב.

1. לַ לִ לֵ לָ לֶ לֻ לְ לוֹ

2. זֹאת ל בִּכְתָב.

3. זֹאת חֲתוּלָה.

4. זֶה בָּלוֹן.

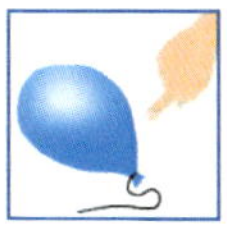

5. זֶה שֻׁלְחָן.

6. זֹאת חַלָּה.

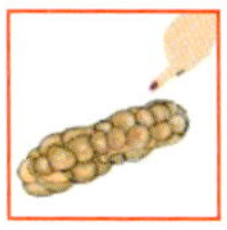

לִכְתּוֹב לְ:

1. הַחֲתוּלָּה תּוֹלִי בָּרַכֶּבֶת?

לֹא, הַחֲתוּלָּה תּוֹלִי בַּבַּיִת.

2. לְשַׁחַר יֵשׁ בָּלּוֹן? לֹא, לְשַׁחַר יֵשׁ חַלָּה.

3. לְרִינָה יֵשׁ בָּלּוֹן לָבָן?

לֹא, לְרִינָה יֵשׁ בָּלּוֹן כָּחֹל.

4. זֹאת הַחֲתוּלָּה שֶׁל תָּמָר?

לֹא, זֹאת הַחֲתוּלָּה שֶׁל רִינָה.

5. זֹאת הַחֲתוּלָּה שֶׁלִּי.

הַכְתָּבָה:

1. לְשַׁחַר יֵשׁ בָּלּוֹן? לֹא, לְשַׁחַר יֵשׁ חַלָּה.

2. לְרִינָה יֵשׁ בָּלּוֹן? כֵּן, לְרִינָה יֵשׁ בָּלּוֹן.

לִכְתֹּב ל, מ, לְחַבֵּר מִשְׁפָּט וְצִיּוּר:

מַה יֵּשׁ לְאִמָּא?

1. מַה יֵּשׁ לְאַבָּא? לְאַבָּא יֵשׁ מַחְשֵׁב. 

2. מַה יֵּשׁ לְאִמָּא? לְאִמָּא יֵשׁ שַׁרְשֶׁרֶת. 

3. מַה יֵּשׁ לְשַׁחַר? לְשַׁחַר יֵשׁ חַלָּה. 

הַכְתָּבָה:

4. הַ__ יֵ__ ____ חֶ__רֶת?
חֶ__רֶת יֵ__ __תִּי.

5. הַ__ יֵ__ ____ חַ__?
חַ__ יֵ__ __דְּרִי.

6. __ __ __ __ הָ__ הֵ__ __ __ י.
הוֹ__ קָ__ ____ הוֹ__ כֶת. __ הֵ__ הוֹ__ כִי.

א בּ ג ד ה ו ז ח ט י כּ ל מ נ ס ע פּ צ ק ר שׁ ת
ב כ ם פ ש

כָּךְ כּוֹתְבִים ד בִּכְתָב.

ד ד ד

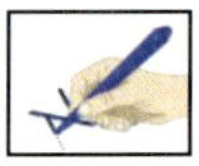 לִכְתּוֹב ד :

ד ד ד ד ד ד

ד ד ד ד ד ד

דָ דִ דֵ דוֹ

אוֹת ד בִּכְתָב.

1. דַ דֵ דִ דָ דֶ דֻ דְ דוֹ

2. אוֹת ד בִּכְתָב.

3. אוֹת נַדְנֵדָה.

4. זֶה דְּלִי.

5. זֶה דָּוִד.

6. זֶה דָּנִיאֵל.

לִכְתּוֹב ד :

1. יֵשׁ לְיִשַׁי דְּלִי חָדָשׁ?

כֵּן, לְיִשַׁי יֵשׁ דְּלִי חָדָשׁ.

2. יֵשׁ לְחַנָּה נַדְנֵדָה חֲדָשָׁה?

כֵּן, לְחַנָּה יֵשׁ נַדְנֵדָה חֲדָשָׁה.

3. הַנַּדְנֵדָה הַחֲדָשָׁה לְיַד הַדְּלִי הֶחָדָשׁ.

4. דָּוִד תַּלְמִיד וְתָמָר תַּלְמִידָה.

5. דָּוִד וְתָמָר לוֹמְדִים בַּכִּיתָה?

כֵּן, דָּוִד וְתָמָר לוֹמְדִים בַּכִּיתָה.

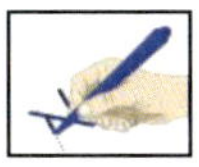

הַכְתָּבָה :

1. הַנַּדְנֵדָה הַחֲדָשָׁה לְיַד הַדְּלִי הֶחָדָשׁ.

2. דָּוִד וְתָמָר לוֹמְדִים בַּכִּיתָה.

אבגדהוזחטיכלמנסעפצקרשת
ב כ ם פ ש

כָּךְ כּוֹתְבִים ג בִּכְתָב.

ג ג ג

 לִכְתּוֹב ג:

ג ג ג ג ג ג

ג ג ג ג ג ג

גַ | גִ | גֵ | גוֹ

הָאוֹת ג בִּכְתָב.

ג

1. גַ גִ גֵ גָ גֶ גֻ גְ גוֹ

2. הָאוֹת ג בִּכְתָב.

3. דָּלֶת וְגַם גִּימֶל.

4. זֶה דָּג.

5. זֶה דֶּגֶל.

6. דָּג וְגַם דֶּגֶל.

לִכְתוֹב ג :

1. מַה כֶּה? כֶּה גַם דָּג וְגַם חָתוּל.

2. הַדָּג הַגָּדוֹל גָּר בַּבַּיִת?

לֹא, הַדָּג הַגָּדוֹל גָּר בַּנָּהָר.

3. מִי גָּר לְיַד חַנָּה? שַׁחַר גָּר לְיַד חַנָּה.

4. חַנָּה גָּרָה בְּבַיִת גָּדוֹל?

כֵּן, חַנָּה גָּרָה בְּבַיִת גָּדוֹל.

5. גַם שַׁחַר גָּר בְּבַיִת גָּדוֹל?

כֵּן, גַם שַׁחַר גָּר בְּבַיִת גָּדוֹל.

הַכְתָּבָה :

1. מַה כֶּה? כֶּה גַם דָּג וְגַם חָתוּל.

2. מִי גָּר לְיַד חַנָּה? שַׁחַר גָּר לְיַד חַנָּה.

אבּגדהוזחטיכּלמנסעפּצקרשׁת
ב כ ם פ שׂ

כָּךְ כּוֹתְבִים ה בִּכְתָב.

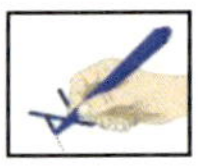
לִכְתּוֹב ה :

הַ הִ הֶ הוֹ

זֹאת ה בִּכְתָב.

1. הַ הִ הֵ הָ הֶ הֻ הְ הוֹ

2. זֹאת ה בִּכְתָב.

3. זֹאת רִינָה.

4. זֶה הַר.

5. זֹאת חֲתוּלָה.

6. זֹאת כִּיתָה.

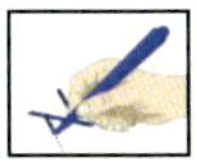

לִכְתּוֹב ה :

1. רִינָה נָחָה? לֹא, רִינָה שָׁרָה.

2. מָה רִינָה שָׁרָה? הִיא שָׁרָה: הֵ הָ הִ

3. מָה יֵשׁ לְחַנָּה? לְחַנָּה יֵשׁ מַתָּנָה.

4. מָה יֵשׁ לְרִינָה? לְרִינָה יֵשׁ חֲתוּלָה.

5. הַתַּלְמִיד דָּוִד בַּכִּיתָה?

כֵּן, גַּם הַמּוֹרֶה הֶחָדָשׁ בַּכִּיתָה.

6. הַתַּלְמִידָה תָּמָר בַּכִּיתָה?

כֵּן, גַּם הַמּוֹרָה הַחֲדָשָׁה בַּכִּיתָה.

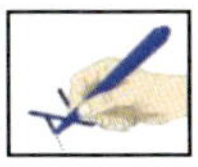

הַכְתָּבָה :

1. מ___ יֵשׁ לְחַנָּ___? לְחַנָּ___ יֵשׁ מַתָּנָ___.

2. מ___ יֵשׁ לְרִינָ___? לְרִינָ___ יֵשׁ חֲתוּלָ___.

אבגדהוזחטיכלמנסעפצקרשׁת
ב כ ם פ שׂ

כָּךְ כּוֹתְבִים ו בִּכְתָב.

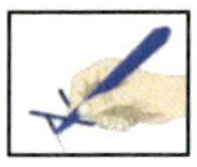
לִכְתּוֹב ו :

זֹאת ו בִּכְתָב.

1. וֹ וּ וֻ וָ וַ וֵ וֶ וִ וְ

2. זֹאת ו בִּכְתָב.

3. ו וַ גַּם תָּ ו.

4. זֶה דָּוִד.

5. זֶה מוֹרֶה.

6. זֹאת מוֹרָה.

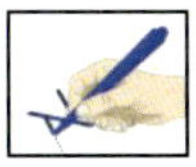

לִכְתּוֹב:

1. הוּא דָּוִד? כֵּן, הוּא דָּוִד.

2. מִי הוּא? הוּא הַמּוֹרֶה שֶׁל דָּוִד.

3. דָּוִד לוֹמֵד בַּכִּתָּה?
כֵּן, דָּוִד לוֹמֵד בַּכִּתָּה.

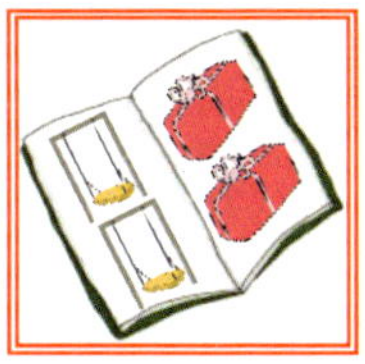

4. בַּמַּחְבֶּרֶת יֵשׁ מַתָּנוֹת וְנַדְנֵדוֹת.

5. הַמּוֹרֶה הוֹלֵךְ וְהַמּוֹרָה הוֹלֶכֶת.

6. חַנָּה וְהַמּוֹרָה הוֹלְכוֹת?
כֵּן, חַנָּה וְהַמּוֹרָה הוֹלְכוֹת.

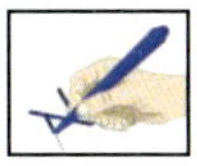

הַכְתָּבָה:

1. מִי הוּא? הוּא הַמּוֹרֶה שֶׁל דָּוִד.

2. הַמּוֹרֶה הוֹלֵךְ וְהַמּוֹרָה הוֹלֶכֶת.

לִכְתֹּב ג, ד, ה, ו, לְחַבֵּר מִשְׁפָּט וְצִיּוּר :

1. שַׁחַר הוֹלֵךְ עִם לֵאָה.

2. הַמּוֹרָה הוֹלֶכֶת עִם מַחְבֶּרֶת.

3. דָּוִד תַּלְמִיד הוּא לוֹמֵד בַּכִּתָּה.

הַכְתָּבָה :

דָּוִד תַּלְמִיד עִם תָּמָר תַּלְמִידָה.

4. הַמּוֹרָה שֶׁל תַּ י .

ד .

5. הַמּוֹרָה תַּ י .

תַּ י ךְ .

6. דָּ תַּ י ? כֵּן, הוּא כִּתָּה .

תָּ ר תַּ י ? כֵּן, הִ ת כִּתָּה .

אבּבגדהוזחטיכּכלמםנסעפּפצקרשׁשׂת

כָּךְ כּוֹתְבִים ז בִּכְתָב.

ז ז ז

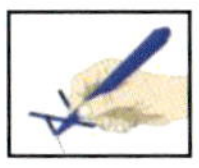

לִכְתּוֹב ז :

ז ז ז ז ז ז

ז ז ז ז ז ז

זַ זִ זֶ זוֹ

זֹאת ז בִּכְתָב.

1. זַ זִ זֵ זָ זֶ זֻ זְ זוֹ

2. זֹאת ז בִּכְתָב.

3. זֹאת זַמֶּרֶת.

4. זֶה זַמָּר.

5. יִשַׁי זָז.

6. רִינָה זָזָה.

לִכְתּוֹב ל :

1. מִי לֶלֶה? לֶה לַמָּר.

2. מִי לוֹלוֹת? לוֹלוֹת לַמֶּרֶת.

3. מַה הַלַּמָּר שָׁר? הַלַּמָּר שָׁר: לַ לִ לֶ

4. הַלַּמֶּרֶת שָׁרָה? כֵּן, הַלַּמֶּרֶת שָׁרָה.

5. הַחֲתוּלָה לָלָה? כֵּן, הַחֲתוּלָה לָלָה.

6. הַנָּהָר לָל? כֵּן, הַנָּהָר לָל.

7. מִי לָל? יִשַׁי וְרִינָה לָלִים.

הַכְתָּבָה :

1. מַה הַלַּמָּר שָׁר? הַלַּמָּר שָׁר: לַ לִ לֶ

2. הַחֲתוּלָה לָלָה? כֵּן, הַחֲתוּלָה לָלָה.

אבּבגדהוזחטיכּכלמםנסעפּפצקרשׁשׂת

כָּךְ כּוֹתְבִים ח בִּכְתָב.

לִכְתּוֹב ח:

ח ח ח ח ח ח

ח ח ח ח ח ח

חַ חֵ חִ חוּ

אוֹת ח בִּכְתָב.

1. חַ חָ חֵ חֶ חְ חִ חֹ חוּ

2. אוֹת ח בִּכְתָב.

3. אוֹת מַחְבֶּרֶת.

4. שַׁחַר נָח.

5. חַנָּה נָחָה.

6. הַנָּחָשׁ נָח.

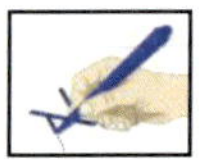

לִכְתּוֹב ח :

1. לְשַׁ_ר יֵשׁ _לָּה? כֵּן, לְשַׁ_ר יֵשׁ _לָּה.

2. לְאַבָּא יֵשׁ מַ_שֵׁב _דָשׁ?

כֵּן, לְאַבָּא יֵשׁ מַ_שֵׁב _דָשׁ.

4. שַׁ_ר לְיַד _נָּה? לֹא, שַׁ_ר לְיַד אַבָּא.

5. לְתָמָר יֵשׁ מַ_בֶּרֶת _דָשָׁה?

כֵּן, לְתָמָר יֵשׁ מַ_בֶּרֶת _דָשָׁה.

6. לְ_נָה יֵשׁ _תוּלָה _דָשָׁה?

לֹא, לְרִינָה יֵשׁ _תוּלָה _דָשָׁה.

הַכְתָּבָה :

1. שַׁ_ר לְיַד _נָּה? לֹא, שַׁ_ר לְיַד אַבָּא.

2. לְשַׁ_ר יֵשׁ _לָּה? כֵּן, לְשַׁ_ר יֵשׁ _לָּה.

אבבגדהוזחטיכּכלמםנסעפּפצקרשׁשׂת

כָּךְ כּוֹתְבִים ט בִּכְתָב.

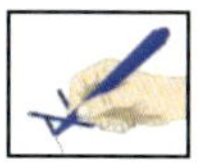 לִכְתּוֹב ט :

טַ טִ טֶ טו

זֹאת ט בִּכְתָב.

1. טַ טִ טֵ טָ טֶ טֻ טְ טו

2. זֹאת ט בִּכְתָב. 

3. זֹאת גִּיטָרָה. 

4. זֹאת טֶלֶוִיזְיָה. 

5. זֶה יַלְקוּט גָּדוֹל. 

6. זֶה יַלְקוּט קָטָן. 

לִכְתּוֹב ט:

1. מַה יֵשׁ לְיַד הַגִּיטָרָה הַקְּטַנָּה?

לְיַד הַגִּיטָרָה הַקְּטַנָּה יֵשׁ גִּיטָרָה גְּדוֹלָה.

2. מַה יֵשׁ לְיַד הַטֶּלֶוִיזְיָה הַקְּטַנָּה?

לְיַד הַטֶּלֶוִיזְיָה הַקְּטַנָּה יֵשׁ טֶלֶוִיזְיָה גְּדוֹלָה.

3. מַה יֵשׁ בַּטֶּלֶוִיזְיָה הַגְּדוֹלָה?

בַּטֶּלֶוִיזְיָה הַגְּדוֹלָה יֵשׁ טֶלֶוִיזְיָה קְטַנָּה.

4. בַּטֶּלֶוִיזְיָה הַגְּדוֹלָה יֵשׁ גִּיטָרָה גְּדוֹלָה

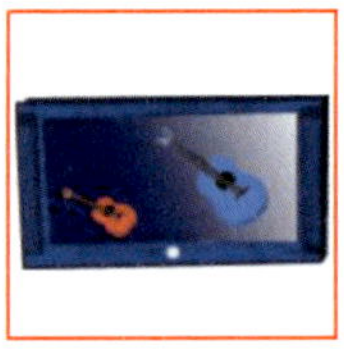

וְגַם גִּיטָרָה קְטַנָּה.

הַכְתָּבָה:

1. בַּיַּלְקוּט הַגָּדוֹל יֵשׁ יַלְקוּט קָטָן.

2. בַּטֶּלֶוִיזְיָה הַגְּדוֹלָה יֵשׁ טֶלֶוִיזְיָה קְטַנָּה.

3. לְיַד הַטֶּלֶוִיזְיָה הַקְּטַנָּה יֵשׁ טֶלֶוִיזְיָה גְּדוֹלָה.

א ב ג ד ה ו ז ח ט י כ ל מ נ ס ע פ צ ק ר ש ת
ב כ ם פ ש

כָּךְ כּוֹתְבִים י בִּכְתָב.

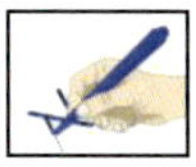
לִכְתּוֹב י:

אוֹת י בִּכְתָב.

1. י

2. אוֹת י בִּכְתָב.

3. אֲנִי רִינָה.

4. רִינָה שָׁרָה שִׁיר.

5. זֶה יִשַׁי.

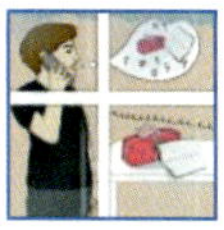
6. יֵשׁ בַּבַּיִת.

לִכְתּוֹב :

1. מַה יֵשׁ בַּבַּיִת? בַּבַּיִת יֵשׁ דְּלִי.

2. מַה יֵשׁ בַּיַּעַר? בַּיַּעַר יֵשׁ אַרְיֵה.

3. יֵשׁ לְיַד רִינָה? כֵּן, יֵשׁ לְיַד רִינָה.

4. לְשַׁי יֵשׁ דְּלִי? כֵּן, לְשַׁי יֵשׁ דְּלִי.

5. לְרִינָה יֵשׁ גִּיטָרָה? לֹא, לְרִינָה יֵשׁ בָּלוֹן.

6. מַה יֵשׁ בַּטֶּלֶוִיזְיָה? בַּטֶּלֶוִיזְיָה יֵשׁ דְּלִי.

7. שַׁי וְרִינָה בָּכִים? כֵּן, שַׁי וְרִינָה בָּכִים.

הַכְתָּבָה :

1. לְרִינָה יֵשׁ גִּיטָרָה? לֹא, לְרִינָה יֵשׁ בָּלוֹן.

2. שַׁי וְרִינָה בָּכִים? כֵּן, שַׁי וְרִינָה בָּכִים.

לִכְתּוֹב כ, ח, ט, י, לְחַבֵּר מִשְׁפָּט וְצִיּוּר:

גִּימֶל וְגַם כִּין.

1. מַה לָּהּ? לָהּ גַּם דָּג וְגַם חָתוּל.

2. כּוֹס גִּיטָרָה? לֹא, כּוֹס טֶלֶוִיזְיָה.

3. אִי כָּכָה? יֵשׁ כָּכָה וְגַם רִינָה כָּכָה.

הַכְתָּבָה:

4.

5.

6.

אבגדהוזחטיכלמנסעפצקרשׁת
ב כ ם פ שׂ

כָּךְ כּוֹתְבִים כּ בִּכְתָב.

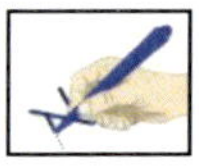
לִכְתּוֹב כּ :

כַּ כֶּ כֵּ כָּ כְּ כֻּ כִּ כּוֹ

1. כַּ כֶּ כֵּ כָּ כְּ כֻּ כִּ כּוֹ

הָאוֹת כּ בִּכְתָב.

2. הָאוֹת … בִּ…תָב.

3. הָאוֹת … בִּ…תָב.

4. הָאוֹת חֲנֻ…יָּה.

5. הָאוֹת רַ…ֶּבֶת.

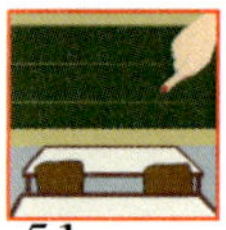
6. הָאוֹת …יתָּה.

לִכְתּוֹב כּ, כ :

1. אִמָּא הוֹלֶכֶת? כֵּן, אִמָּא הוֹלֶכֶת.

2. יִשַׁי אוֹכֵל בַּנָּנָה? כֵּן, יִשַׁי אוֹכֵל בַּנָּנָה.

3. מַה יֵּשׁ בַּחֲנֻכָּה בַּבַּיִת?

בַּחֲנֻכָּה יֵשׁ חֲנֻכִּיָּה בַּבַּיִת.

4. מַה שַׁחַר כּוֹתֵב בַּמַּחְבֶּרֶת?

שַׁחַר כּוֹתֵב בַּמַּחְבֶּרֶת: רַכֶּבֶת.

5. מַה תָּמָר כּוֹתֶבֶת בַּמַּחְשֵׁב?

תָּמָר כּוֹתֶבֶת בַּמַּחְשֵׁב: כִּיתָּה.

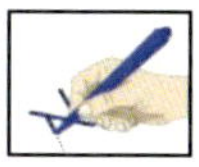

הַכְתָּבָה :

1. יִשַׁי אוֹכֵל בַּנָּנָה? כֵּן, יִשַׁי אוֹכֵל בַּנָּנָה.

2. תָּמָר כּוֹתֶבֶת בַּמַּחְשֵׁב: כִּיתָּה.

א בּ ב ג ד ה ו ז ח ט י כּ כ ך ל מ ם נ ס ע פּ פ צ ק ר שׁ שׂ ת

כָּךְ כּוֹתְבִים ך סוֹפִית בִּכְתָב.

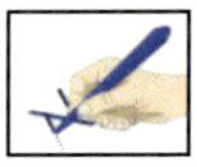

לִכְתּוֹב ך סוֹפִית:

ך ךָ ךְ ךְ

1. ך ךָ ךְ ך ךָ ךְ ךָ ךְ

אוֹת ך סוֹפִית בִּכְתָב.

2. אוֹת ך סוֹפִית.

3. כָּךְ כּוֹתְבִים ך.

4. זֶה כָּרִיךְ.

5. אַבָּא הוֹלֵךְ.

6. הַכַּמָר הוֹלֵךְ.

לִכְתּוֹב כּ, כ, ךְ :

1. אַבָּא הוֹלֵךְ? כֵּן, אַבָּא הוֹלֵךְ.

2. הַזַּמָּר הוֹלֵךְ? כֵּן, הַזַּמָּר הוֹלֵךְ.

3. אֵיךְ כּוֹתְבִים כ בְּכִתָּה?

כָּךְ כּוֹתְבִים כ בְּכִתָּה.

4. אֵיךְ כּוֹתְבִים ךְ סוֹפִית בְּכִתָּה?

כָּךְ כּוֹתְבִים ךְ סוֹפִית בְּכִתָּה.

5. מִי אוֹכֶלֶת כָּרִיךְ בַּכִּיתָה?

חַנָּה אוֹכֶלֶת כָּרִיךְ בַּכִּיתָה.

הַכְתָּבָה :

1. כָּךְ כּוֹתְבִים ךְ סוֹפִית בְּכִתָּה.

2. חַנָּה אוֹכֶלֶת כָּרִיךְ בַּכִּיתָה.

אבּגדהוזחטיכּלמנסעפּצקרשׁת
ב ך ם פ שׂ

כָּךְ כּוֹתְבִים נ בִּכְתָב.

לִכְתּוֹב נ :

1. _ַ _ִ _ֵ _ָ _ֶ _ְ _ֻ _וּ _וֹ

זֹאת נ בִּכְתָב.

2. זֹאת _ בִּכְתָב.

3. זֹאת מַתָּ_ָה.

4. זֹאת חֲ_ֻכִּיָּה.

5. הַ_ָּחָשׁ _ָח.

6. חַ_ָּה _ָחָה.

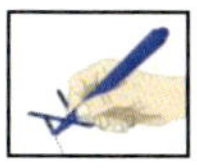 לִכְתּוֹב נ:

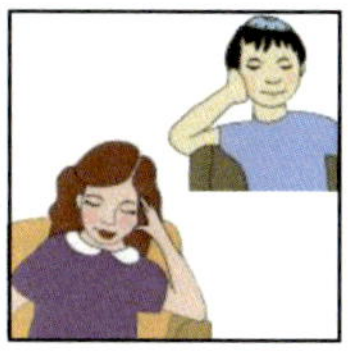

1. מִי נָח? שַׁחַר נָח וְגַם חַנָּה נָחָה.

2. לְחַנָּה יֵשׁ נֵר שֶׁל חֲנֻכָּה.

3. מִי נָח? לְיַד הַנָּהָר?

שַׁחַר נָח לְיַד הַנָּהָר.

4. מַה יֵּשׁ בַּחֲנֻכָּה בַּבַּיִת?

בַּחֲנֻכָּה יֵשׁ חֲנֻכִּיָּה בַּבַּיִת.

5. לְרִינָה יֵשׁ נַדְנֵדָה חֲדָשָׁה?

כֵּן, לְחַנָּה יֵשׁ נַדְנֵדָה חֲדָשָׁה.

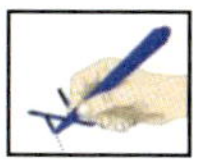 הַכְתָּבָה:

1. מִי נָח? שַׁחַר נָח וְגַם חַנָּה נָחָה.

2. לְחַנָּה יֵשׁ נַדְנֵדָה חֲדָשָׁה.

אבּגדהוזחטיכּלמנסעפּצקרשׁת
ב ך ם ן ף שׂ

כָּךְ כּוֹתְבִים ן סוֹפִית בִּכְתָב.

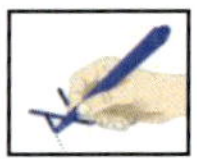 לִכְתּוֹב ן סוֹפִית :

הָאוֹת ן סוֹפִית בִּכְתָב.

1.

2. הָאוֹת נוּ סוֹפִית. 

3. זֶה שׁוּלְחָן? כֵּן. 

4. זֶה בָּלוֹן קָטָן? כֵּן. 

5. זֶה בָּלוֹן גָּדוֹל? כֵּן. 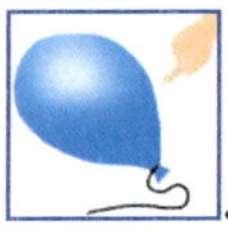

6. זֶה נֵר לָבָן? כֵּן. 

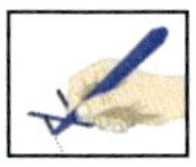 לִכְתּוֹב | סוֹפִית:

1. בַּבָּלוֹ_ הַלָּבָ_ יֵשׁ בָּלוֹ_ קָטָ_ וְאָדוֹם.

2. _ֵר לָבָ_ שֶׁל שַׁבָּת לְיַד הַבָּלוֹ_ הַקָּטָ_.

3. הַבָּלוֹ_ הַקָּטָ_ לְיַד הַשּׁוּלְחָ_?

כֵּ_, הַבָּלוֹ_ הַקָּטָ_ לְיַד הַשּׁוּלְחָ_.

4. לְרִי_ָה יֵשׁ בָּלוֹ_ גָּדוֹל וְכָחוֹל.

לְרִי_ָה אֵי_ בָּלוֹ_ קָטָ_ וְאָדוֹם.

5. הַשּׁוּלְחָ_ הַקָּטָ_ לְיַד הַשּׁוּלְחָ_ הַגָּדוֹל?

כֵּ_, הַשּׁוּלְחָ_ הַקָּטָ_ לְיַד הַשּׁוּלְחָ_ הַגָּדוֹל.

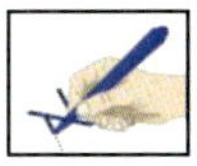 הַכְתָּבָה:

1. בַּבָּלוֹן הַלָּבָן יֵשׁ בָּלוֹן קָטָן וְאָדוֹם.

2. נֵר לָבָן שֶׁל שַׁבָּת לְיַד הַבָּלוֹן הַקָּטָן.

לִכְתוֹב כ, ק, נ, ן, לְחַבֵּר מִשְׁפָּט וְצִיּוּר :

כָּךְ כּוֹתְבִים נוּן בִּכְתָב.

1. כָּךְ כּוֹתְבִים עַיִן בִּכְתָב.

2. כָּךְ כּוֹתְבִים נוּן בִּכְתָב.

3. כָּךְ כּוֹתְבִים כֵּן בִּכְתָב.

הַכְתָּבָה :

4. ת

ק ת?

5. יֵשׁ שֻׁלְחָן בַּכִּתָּה?

ת.

6. ת ת?

ת ת?

אבגדהוזחטיכלמנסעפצקרשת
ב ך ם ן פ ש

כָּךְ כּוֹתְבִים ע בִּכְתָב.

לִכְתּוֹב ע :

עַ עִ עֶ עוֹ

1. עַ עִ עֵ עָ עֶ עֱ עְ עוֹ

אוֹת ע בִּכְתָב.

2. אוֹת ע בִּכְתָב.

3. אוֹת נַעַל.

4. זֶה שַׁעַר.

5. זֶה יַעַר.

6. הַנַּעַל עַל הַנָּהָר.

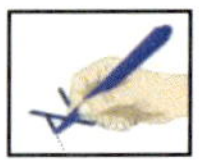

לִכְתּוֹב ע :

1. מַה יֵּשׁ עַל הָהָר? עַל הָהָר יֵשׁ שַׁעַר.

2. מַה יֵּשׁ עַל הַשַּׁעַר? עַל הַשַּׁעַר יֵשׁ נָחָשׁ.

3. מִי עַל הָהָר? דָּוִד וְשַׁחַר עַל הָהָר.

4. הַנַּעַל עַל הַנָּהָר? כֵּן, הַנַּעַל עַל הַנָּהָר.

5. אַתָּה מְדַבֵּר עִבְרִית?

כֵּן, אֲנִי מְדַבֵּר עִבְרִית.

6. עִם מִי חַנָּה מְדַבֶּרֶת?

חַנָּה מְדַבֶּרֶת עִם תָּמָר וְגַם עִם יִשַׁי.

הַכְתָּבָה :

1. מַה יֵּשׁ עַל הָהָר? עַל הָהָר יֵשׁ שַׁעַר.

2. מַה יֵּשׁ עַל הַשַּׁעַר? עַל הַשַּׁעַר יֵשׁ נָחָשׁ.

אבגדהוזחטיכלמנסעפצקרשת
ב ך ם ן ף שׂ

כָּךְ כּוֹתְבִים פ בִּכְתָב.

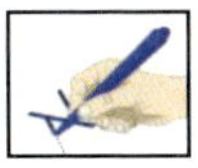
לִכְתּוֹב פ :

1. פֻּ פַּ פֵּ פָּ פֶּ פְּ פִּ פוֹ

אוֹת פ בִּכְתָב.

2. אוֹת פ בִּכְתָב.

3. אוֹת פ בִּכְתָב.

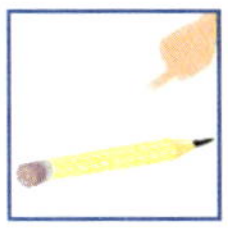
4. זֶה עִפָּרוֹן.

5. זֶה פַּרְפָּר.

6. הַפַּרְפַּר פֹּה.

לִכְתּוֹב פ, פּ :

1. אֵי◌ֹה הַ◌ַּרְ◌ָּר? הַ◌ַּרְ◌ָּר עַל הַ◌ֶּרַח.

2. אֵי◌ֹה הָעֲ◌ִי◌וֹן? הָעֲ◌ִי◌וֹן לְיַד הַבָּלוֹן.

3. אֵי◌ֹה הַ◌ֶּרַח? הַ◌ֶּרַח לְיַד הַנָּהָר.

4. מִי זֶה? זֶה ◌וֹנִי, הוּא מִיקְרוֹ◌וֹן.

5. הַ◌ַּרְ◌ָּר ◌ֹה וְהָעִ◌ָּרוֹן שָׁם?

לֹא, הָעִ◌ָּרוֹן ◌ֹה וְהַ◌ַּרְ◌ָּר שָׁם.

6. הַ◌ֶּרַח לְיַד הַ◌ַּרְ◌ָּר?

לֹא, הַ◌ֶּרַח ◌ֹה וְהַ◌ַּרְ◌ָּר שָׁם.

הַכְתָּבָה :

1. אֵיפֹה הַפַּרְפָּר? הַפַּרְפָּר עַל הַפֶּרַח.

2. אֵיפֹה הָעֲפִיפוֹן? הָעֲפִיפוֹן לְיַד הַבָּלוֹן.

א ב ג ד ה ו ז ח ט י כ ל מ נ ס ע פ צ ק ר ש ת
ב ך ם ן ף שׂ

כָּךְ כּוֹתְבִים ף סוֹפִית בִּכְתָב.

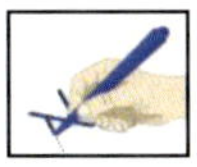
לִכְתּוֹב ף סוֹפִית:

אוֹת ף סוֹפִית בִּכְתָב.

1. ף ף ף ף ף ף ף ף

2. אוֹת ף סוֹפִית.

3. הַפַּרְפַּר עָף.

4. הָעֲפִיפוֹן עָף.

5. אִמָּא בַּסּוֹף? כֵּן.

6. בְּסוֹף מִלָּה יֵשׁ ף סוֹפִית. סוֹף

לִכְתּוֹב פ, פּ, ף סוֹפִית:

1. הַפַּרְפַּר עָף וְגַם הָעֲפִיפוֹן עָף.

2. אִמָּא בַּסּוֹף? לֹא, דָּוִד בַּסּוֹף.

3. הַפַּרְפַּר בַּסּוֹף? לֹא, הָעֲפִיפוֹן בַּסּוֹף.

4. מִי נָח בַּסּוֹף? שַׁחַר נָח בַּסּוֹף.

5. מַה יֵּשׁ בְּסוֹף הַמַּחְבֶּרֶת?

בְּסוֹף הַמַּחְבֶּרֶת יֵשׁ ף סוֹפִית.

6. מַה יֵּשׁ בְּסוֹף מִלָּה?

בְּסוֹף מִלָּה יֵשׁ ף סוֹפִית.

הַכְתָּבָה:

1. הַפַּרְפַּר בַּסּוֹף? לֹא, הָעֲפִיפוֹן בַּסּוֹף.

2. בְּסוֹף הַמַּחְבֶּרֶת יֵשׁ ף סוֹפִית.

לִכְתּוֹב ע, פ, ל, לְחַבֵּר מִשְׁפָּט וְצִיּוּר :

הַפַּרְפַּר עַל הַפֶּרַח.

1. הַפַּרְפַּר הָאָדוֹם עַל הַפֶּרַח הַכָּחוֹל.

2. הַפַּרְפַּר הַכָּחוֹל עַל הַפֶּרַח הָאָדוֹם.

3. הַפַּרְפַּר עַל וְגַם הָעֲפִיפוֹן עַל.

הַכְתָּבָה :

4. הָעֲפִ הַלָּבָן עַ .

לְיַד הָ . הָ .

5. הָ . הָאָדוֹם .

הָ . הָ .

6. הַפַּרְ ר הַ נַח עַל הָ ר הָ .

ר ר הָאָ ר .

אבגדהוזחטיכלמנסעפצקרשׁת
בּ ך ם ן ף שׂ

כָּךְ כּוֹתְבִים ס בִּכְתָב.

ס ס

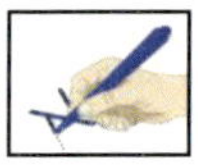
לִכְתּוֹב ס :

ס ◌ ◌ ◌ ◌ ◌

ס ◌ ◌ ◌ ◌ ◌

◌ַ ◌ִ ◌ֵ ◌

1. ◌ַ ◌ִ ◌ֵ ◌ָ ◌ֶ ◌ֻ ◌ְ ◌וֹ

זֹאת ס בִּכְתָב.

2. זֹאת ◌ בִּכְתָב.

3. זֹאת ◌ִפְרִיָּה.

4. זֶה ◌ַבָּא.

5. זֹאת ◌ַבְתָא.

6. זֶה בֵּית ◌ֵפֶר.

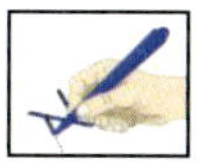
לִכְתּוֹב ס :

1. מִי בַּ◌ִפְרִיָּה? חַנָּה וְתָמָר בַּ◌ִפְרִיָּה.

2. בַּ◌ִפְרִיָּה יֵ◌ ◌ְפָרִים עַל הַשֻּׁלְחָן.

3. ◌ַבָּ◌ וְ◌ַבְתָּ◌ שֶׁל שַׁחַר בַּבַּיִת.

4. מִי בַּ◌ֵפֶר? ◌ַבָּ◌ וְ◌ַבְתָּ◌ בַּ◌ֵפֶר.

5. ◌ַבָּ◌ שֶׁל שַׁחַר בַּ◌ִפְרִיָּה?

כֵּן, ◌ַבָּ◌ שֶׁל שַׁחַר בַּ◌ִפְרִיָּה.

6. אֵיפֹה הַ◌ֵפֶר שֶׁל ◌ַבָּ◌?

הַ◌ֵפֶר שֶׁל ◌ַבָּ◌ בְּבֵית הַ◌ֵפֶר.

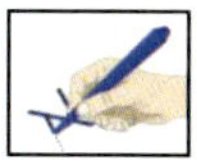
הַכְתָּבָה :

1. מִי בַּסִּפְרִיָּה? חַנָּה וְתָמָר בַּסִּפְרִיָּה.

2. מִי בַּסֵּפֶר? סַבָּא וְסַבְתָּא בַּסֵּפֶר.

לִכְתּוֹב:

אֵיפֹה הַסֵּפֶר שֶׁל סַבָּא?

סַבְתָּא: שָׁלוֹם שַׁמַר.

שַׁמַר: שָׁלוֹם סַבְתָּא.

סַבְתָּא: אֵיפֹה אַתָּה?

שַׁמַר: אֲנִי בְּבֵית הַסֵּפֶר.

סַבְתָּא: אֵיפֹה הַסֵּפֶר שֶׁל סַבָּא?

שַׁמַר: הַסֵּפֶר שֶׁל סַבָּא פֹּה, עַל הַשֻּׁלְחָן.

אֵיפֹה הַסֵּפֶר שֶׁלִּי?

סַבְתָּא: הַסֵּפֶר פֹּה, בַּבַּיִת.

פּוֹנִי: הַסֵּפֶר שֶׁל סַבָּא בְּבֵית הַסֵּפֶר

וְהַסֵּפֶר שֶׁל שַׁמַר בַּבַּיִת.

אבגדהוזחטיכלמנסעפצקרשת
ב ך ם ן ף ש

כָּךְ כּוֹתְבִים צ בִּכְתָב.

לִכְתוֹב צ:

1. צַ צֵ צִ צָ צֶ צְ צִ צוֹ אוֹת צ בִּכְתָב.

2. אוֹת צ בִּכְתָב.

3. זֶה צֶבַע אָדוֹם.

4. זֶה צֶבַע כָּחוֹל.

5. אוֹת צ בְּצֶבַע אָדוֹם.

6. אוֹת צ בְּצֶבַע כָּחוֹל.

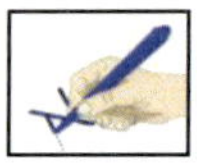

לִכְתּוֹב צ:

1. אוֹת צָדִי בְּצֶבַע כָּתוֹם.

2. זֶה נֵר שֶׁל שַׁבָּת בְּצֶבַע לָבָן.

3. מַה דָּוִד רוֹצֶה? דָּוִד רוֹצֶה בָּנָנָה.

4. מַה תָּמָר רוֹצָה? תָּמָר רוֹצָה מַתָּנָה.

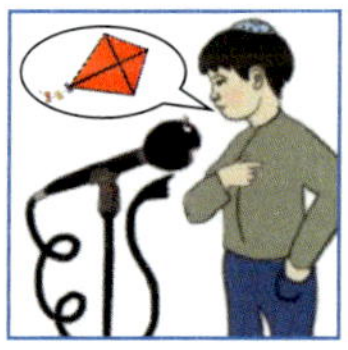

5. מַה אַתָּה רוֹצֶה?

אֲנִי רוֹצֶה עֲפִיפוֹן בְּצֶבַע כָּתוֹם.

6. מַה רִינָה רוֹצָה?

רִינָה רוֹצָה בָּלוֹן בְּצֶבַע כָּחוֹל.

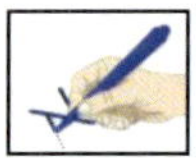

הַכְתָּבָה:

1. מַה דָּוִד רוֹצֶה? דָּוִד רוֹצֶה בָּנָנָה.

2. מַה תָּמָר רוֹצָה? תָּמָר רוֹצָה מַתָּנָה.

אבגדהוזחטיכלמנסעפצקרשׁת
ב כ ם ן ף ץ שׂ

כָּךְ כּוֹתְבִים ץ סוֹפִית בִּכְתָב.

ץ ץ ץ

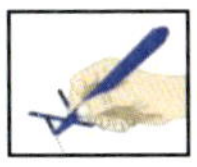

לִכְתּוֹב ץ סוֹפִית:

ץ ץ ץ ץ ץ ץ

ץ ץ ץ ץ ץ ץ

ץ ץ ץ ץ

צוּרַת ץ סוֹפִית בִּכְתָב.

1. ץ ץ ץ ץ ץ ץ ץ ץ
2. צוּרַת ץ סוֹפִית.
3. זֶה מִיץ. 
4. זֶה עֵץ בְּצֶבַע אָדוֹם. 
5. זֶה עֵץ בְּצֶבַע כָּחוֹל. 
6. בְּסוֹף מִלָּה יֵשׁ ץ סוֹפִית. מִיץ

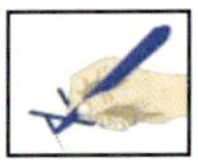
לִכְתּוֹב 3, ץ סוֹפִית :

1. נאות ץ סוֹפִית בְּצֶבַע כָּחוֹל.

2. בַּסּוֹף יֵשׁ מִיץ? כֵּן, בַּסּוֹף יֵשׁ מִיץ.

3. מַה דָּוִד רוֹצֶה? דָּוִד רוֹצֶה מִיץ.

4. הָעֵץ הַקָּטָן לְיַד הָעֵץ הַגָּדוֹל.

5. תָּמָר: אַתָּה רוֹצֶה מִיץ?
יִשַׁי: כֵּן, אֲנִי רוֹצֶה מִיץ.

6. הָעֵץ לְיַד הַנָּהָר בְּצֶבַע אָדוֹם?
כֵּן, הָעֵץ לְיַד הַנָּהָר בְּצֶבַע אָדוֹם.

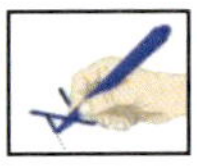
הַכְתָּבָה :

1. בַּסּוֹף יֵשׁ מִי__? כֵּן, בַּסּוֹף יֵשׁ מִי__.

2. מַה דָּוִד רוֹצֶה? דָּוִד רוֹצֶה מִי__.

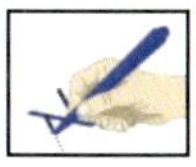 לִכְתּוֹב צ, ץ, לְחַבֵּר מִשְׁפָּט וְצִיּוּר :

צָדִי וְגַם סוֹפִית.

1. הָעֵץ הַגָּדוֹל לְיַד הָעֵץ הַקָּטָן. 

2. הָעֵץ הַכָּחוֹל לְיַד הָעֵץ הָאָדוֹם. 

3. תָּמָר רוֹצָה נֵר שֶׁל שַׁבָּת בְּצֶבַע לָבָן. 

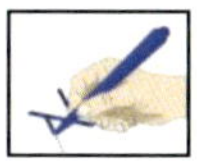 הַכְתָּבָה :

4. לְיַד הָ___ הַכָּחוֹל יֵשׁ ___

לָ___ גַּם ___ן ___.

5. לְ___ הָ___ הָאָדוֹם ___

רַק ___ ___.

6. תָּ___ רוֹצָה נֵר שֶׁל ___ תּ___ בְּ___ ? ___

תָּ___ רוֹצָה מִיץ? ___, ___ ר___ ___.

אבגדהוזחטיכלמנסעפצקרשת
ב ך ם ן ף ץ שׂ

כָּךְ כּוֹתְבִים ק בִּכְתָב.

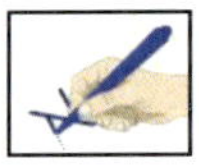

לִכְתּוֹב ק :

1. קַ קִ קֵ קָ קֶ קֻ קְ קוֹ

אוֹת ק בִּכְתָב.

2. אוֹת ק בִּכְתָב.

3. זֶה קַלְמָר.

4. זֶה יַלְקוּט גָּדוֹל.

5. זֶה יַלְקוּט קָטָן.

6. בַּיַּלְקוּט יֵשׁ קַלְמָר.

לִכְתּוֹב ק:

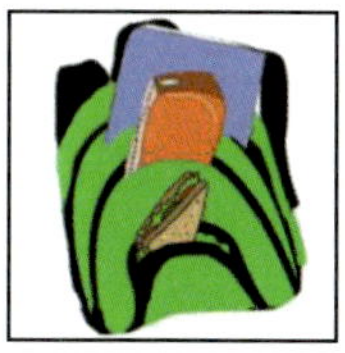

1. בַּיַּלְקוּט יֵשׁ קַלְמָר, מַחְבֶּרֶת וְכָרִיךְ.

2. מָה יֵשׁ בַּיַּלְקוּט? בַּיַּלְקוּט יֵשׁ רַק קַלְמָר.

3. בַּיַּלְקוּט הַגָּדוֹל יֵשׁ יַלְקוּט קָטָן?

כֵּן, בַּיַּלְקוּט הַגָּדוֹל יֵשׁ יַלְקוּט קָטָן.

4. מָה יֵשׁ לְיַד הַיַּלְקוּט הַגָּדוֹל?

לְיַד הַיַּלְקוּט הַגָּדוֹל יֵשׁ יַלְקוּט קָטָן.

5. הַמִּיקְרוֹפוֹן לְיַד הַיַּלְקוּט הַגָּדוֹל?

לֹא, הַמִּיקְרוֹפוֹן לְיַד הַיַּלְקוּט הַקָּטָן.

הַכְתָּבָה:

1. הַמִּיקְרוֹפוֹן לְיַד הַיַּלְקוּט הַקָּטָן.

2. לְיַד הַיַּלְקוּט הַגָּדוֹל יֵשׁ יַלְקוּט קָטָן.

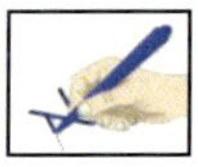 לִכְתּוֹב כ ק, ק, לְחַבֵּר מִשְׁפָּט וְצִיּוּר :

כָּךְ, ךְ סוֹפִית וְקוֹל.

1. בַּיַּלְקוּט יֵשׁ קַלְמָר, מַחְבֶּרֶת וְכָרִיךְ. 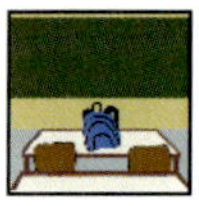

2. בַּכִּיתָה יֵשׁ יַלְקוּט כָּחוֹל עַל הַשּׁוּלְחָן. 

3. בַּיַּלְקוּט הַכָּחוֹל יֵשׁ רַק יַלְקוּט קָטָן. 

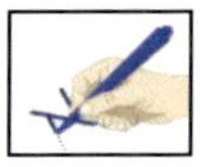 הַכְתָּבָה :

4. ר _ כּוֹתֶבֶת _ _ _ רֶת.

ר _ תֶ _ רַ _ תֶ.

5. חַנָּה לֹא כּוֹתֶבֶת _ קְרִיאָה.

סוֹבֶלֶת _ ר _ בָּ _ תָ.

6. בַּ _ תָ _ יֵשׁ קַלְמָר? _ _ בָּ _ , _ _ ר עַל _ בַּ _ .

הַבַּבַּיִת סֵין _ לְמָר, הַבַּ _ תָ _ יֵשׁ _ מַחְבֶּרֶת.

א ב ג ד ה ו ז ח ט י כ ל מ נ ס ע פ צ ק ר שׁ ת
ב ך ם ן ף ץ שׂ

כָּךְ כּוֹתְבִים ר בִּכְתָב.

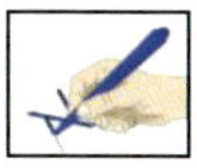
לִכְתּוֹב ר:

רַ רִ רֶ רוּ

1. רַ רִ רֵ רָ רֶ רֻ רְ רוּ

אוֹת ר בִּכְתָב.

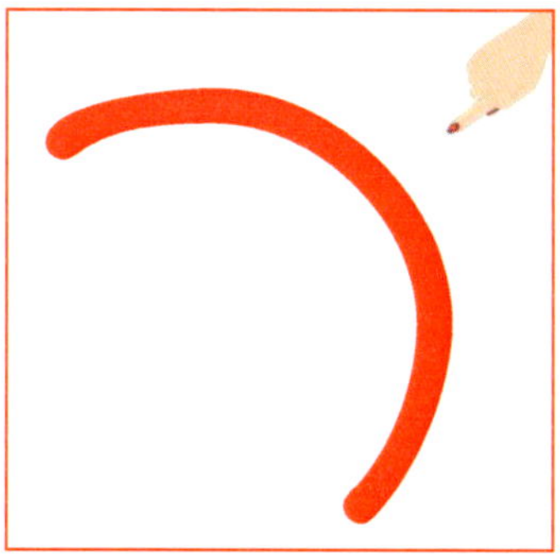

2. אוֹת ר בִּכְתָב.

3. רִינָה שָׁרָה שִׁיר.

4. הַזַּמָּר שָׁר שִׁיר.

5. בַּיַּעַר יֵשׁ אַרְיֵה.

6. הַפַּרְפַּר עַל הַפֶּרַח.

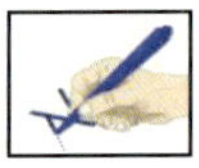

לִכְתּוֹב ר :

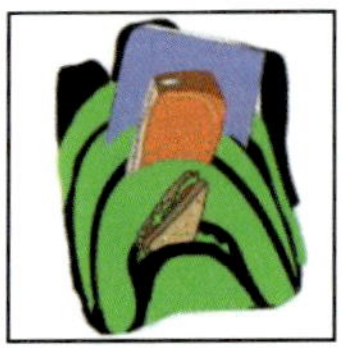

1. בְּ_לְקוּט יֵשׁ קַלְמָ_, מַחְבֶּ_ֶת וְכָ_ִיךְ.

2. מִי בָּ_ַכֶּבֶת? תָּמָ_ וְ_ִינָה בָּ_ַכֶּבֶת.

3. בָּ_ַכֶּבֶת יֵשׁ גִּיטָ_ָה וְשַׂ_ְשֶׁ_ֶת?

לֹא, בָּ_ַכֶּבֶת יֵשׁ מַחְבֶּ_ֶת וְשַׂ_ְשֶׁ_ֶת.

4. הַמִּיקְ_וֹפוֹן מְדַבֵּ_ עִם _ִינָה?

לֹא, הַמִּיקְ_וֹפוֹן מְדַבֵּ_ עִם תָּמָ_.

5. הַכַּנָּ_ שָׁ_ עִם מִיקְ_וֹפוֹן וְגִיטָ_ָה.

שַׁחַ_ שָׁ_ לְיַד הַכַּנָּ_ _ַק עִם גִּיטָ_ָה.

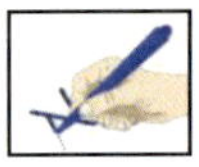

הַכְתָּבָה :

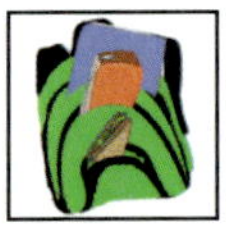

1. בַּיַלְקוּט יֵשׁ קַלְמָר, מַחְבֶּרֶת וְכָרִיךְ.

2. מִי בָּרַכֶּבֶת? תָּמָר וְרִינָה בָּרַכֶּבֶת.

אבגדהוזחטיכלמנסעפצקרשת
ב ך ם ן ף ץ שׂ

כָּךְ כּוֹתְבִים שׂ בִּכְתָב.

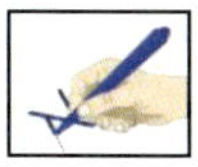 לִכְתּוֹב שׂ:

זֹאת שׂ בִּכְתָב.

1. שַׂ שֵׂ שִׂ שָׂ שֶׂ שֻׂ שְׂ שׂוֹ

2. זֹאת שׂ בִּכְתָב. 

3. שַׂחַר גָּר בְּיִשְׂרָאֵל. 

4. זֹאת שָׂרָה. 

5. שָׂרָה לֹא גָּרָה בְּיִשְׂרָאֵל. 

6. שַׂחַר מְשַׂחֵק עִם עֲפִיפוֹן. 

לִכְתּוֹב שׂ :

1. מִי גָּר בְּיִשְׂרָאֵל? שַׁחַר גָּר בְּיִשְׂרָאֵל.

2. הִיא שָׂרָה. הִיא לֹא גָּרָה בְּיִשְׂרָאֵל.

3. דָּוִד וְשָׂרָה מְשַׂחֲקִים בַּבַּיִת?

לֹא, דָּוִד וְתָמָר מְשַׂחֲקִים בַּבַּיִת.

4. מַה יֵּשׁ לְשָׂרָה? לְשָׂרָה יֵשׁ שַׁרְשֶׁרֶת

וְיַלְקוּט בְּצֶבַע שֶׁל דֶּגֶל יִשְׂרָאֵל.

5. חַנָּה מְשַׂחֶקֶת עִם שָׂרָה.

לֹא, חַנָּה מְשַׂחֶקֶת עִם תָּמָר.

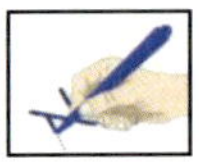

הַכְתָּבָה :

1. מִי גָּר בְּיִשְׂרָאֵל? שַׁחַר גָּר בְּיִשְׂרָאֵל.

2. הִיא שָׂרָה. הִיא לֹא גָּרָה בְּיִשְׂרָאֵל.

לִכְתּוֹב :

דֶּגֶל יִשְׂרָאֵל בַּכִּתָּה.

הַקַּלְמָר שֶׁל דָּנִיאֵל

יֵשׁ דֶּגֶל יִשְׂרָאֵל.

הַלְקוּט שֶׁל שָׂרָה

בְּצֶבַע כָּחוֹל וְלָבָן.

הַשַּׁרְשֶׁרֶת שֶׁל שָׂרָה

בְּצֶבַע כָּחוֹל וְלָבָן.

בַּסֵּפֶר "עִבְרִית שֶׁלִּי" יֵשׁ דֶּגֶל יִשְׂרָאֵל.

הַכְתָּבָה :

הַקַּלְמָר ______________________.

הַסֵּפֶר "______ ת ______" ______________.

אבּגדהוזחטיכּלמנסעפּצקרשׁת
ב ך ם ן ף ץ שׂ

כָּךְ כּוֹתְבִים ת בִּכְתָב.

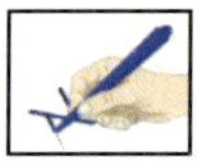
לִכְתּוֹב ת:

ת ת ת ת ת ת

ת ת ת ת ת ת

תַ תָ תֶ תֵ

1. תַ תָ תִ תֵ תֶ תְ תֹ תוּ תוֹ אוֹת ת בִּכְתָב.

2. אוֹת ת בִּכְתָב.

3. אוֹת ת שַׁרְשֶׁרֶת.

4. אוֹת ת מַתָּנָה.

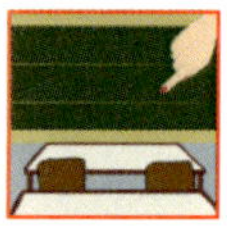
5. אוֹת ת כִּיתָּה.

6. תָּמָר בַּמַּחְבֶּרֶת.

לִכְתּוֹב ת:

1. בָּרַכֶּבֶת יֵשׁ מַחְבֶּרֶת וְשַׁרְשֶׁרֶת.

2. בַּמַּחְבֶּרֶת יֵשׁ בַּיִת וְרַכֶּבֶת.

3. מָה תָּמָר כּוֹתֶבֶת בַּמַּחְשֵׁב?

תָּמָר כּוֹתֶבֶת בַּמַּחְשֵׁב: כִּיתָּה.

4. זֹאת הַחֲתוּלָה שֶׁל תָּמָר?

לֹא, זֹאת הַחֲתוּלָה שֶׁל רִינָה.

5. הַחֲתוּלָה תּוּלִי בָּרַכֶּבֶת?

לֹא, הַחֲתוּלָה תּוּלִי בַּבַּיִת.

הַכְתָּבָה:

1. בָּרַכֶּבֶת יֵשׁ מַחְבֶּרֶת וְשַׁרְשֶׁרֶת.

2. תָּמָר כּוֹתֶבֶת בַּמַּחְשֵׁב: כִּיתָּה.

לִכְתּוֹב :

מִי שָׁר בַּבַּיִת?

1. שָׁלוֹם תָּמָר. אַתְּ בַּבַּיִת? כֵּן, אֲנִי בַּבַּיִת.

2. מִי שָׁר בַּבַּיִת? שַׁחַר שָׁר בַּבַּיִת.

3. לְשַׁחַר יֵשׁ גִּיטָרָה? כֵּן, לְשַׁחַר יֵשׁ גִּיטָרָה.

4. גַּם הַזַּמָּר שָׁר בַּבַּיִת? לֹא, רַק שַׁחַר שָׁר בַּבַּיִת. הַזַּמָּר שָׁר בַּטֶּלֶוִיזְיָה.

 לָשִׁיר :

הַתַּפּוּחַ עַל הָעֵץ.

הַתַּפּוּחַ בְּצֶבַע אָדוֹם.

זֶה לוּחַ. זֶה לוּחַ.

בַּכִּיתָּה יֵשׁ לוּחַ.

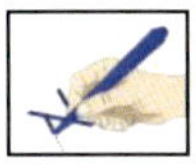 לִכְתּוֹב :

1. מַה יֵּשׁ עַל הָעֵץ? עַל הָעֵץ יֵשׁ תַּפּוּחַ.

2. הַתַּפּוּחַ בְּצֶבַע אָדוֹם? כֵּן.

3. מַה יֵּשׁ בַּכִּיתָּה? בַּכִּיתָּה יֵשׁ לוּחַ.

4. הַלּוּחַ בַּכִּיתָּה יָרוֹק? כֵּן.

5. מַה יֵּשׁ עַל הַלּוּחַ? עַל הַלּוּחַ יֵשׁ תַּפּוּחַ.

לָשִׁיר :

הַגִּ'ירָפָה אוֹכֶלֶת תַּפּוּחַ.

הַגִּ'ירָפָה גָּרָה בַּגּ'וּנְגֶל.

הַקּוֹף אוֹכֵל עַל הָעֵץ.

גַּם הַקּוֹף גָּר בַּגּ'וּנְגֶל.

לִקְרוֹא :

גְ' גָ' גַ' גִ'י גִ' גֵ' גֶ' ג'וֹ ג'ֹ ג'וּ גֱ'

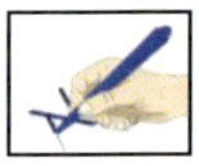
לִכְתּוֹב :

1. מָה יֵשׁ בַּגּ'וּנְגֶל? בַּגּ'וּנְגֶל יֵשׁ עֵצִים.

2. הַגִּ'ירָפָה אוֹכֶלֶת תַּפּוּחַ? כֵּן.

3. אֵיפֹה הַגִּ'ירָפוֹת גָּרוֹת? בַּגּ'וּנְגֶל.

4. מָה יֵשׁ בַּגּ'וּנְגֶל עַל הָעֵצִים? קוֹפִים.

 לָשִׁיר :

זֶה זָ׳קֶט. זֶה זָ׳קֶט.

הַזָ׳קֶט בְּצֶבַע אָדוֹם.

זָ׳אק הוֹלֵךְ. זָ׳אק הוֹלֵךְ.

לְזָ׳אק יֵשׁ זָ׳קֶט אָדוֹם.

 לִקְרוֹא :

זְ׳ זָ׳ זַ׳ זִ׳י זִ׳ זֵ׳ זֶ׳ זוֹ׳ זֹ׳ זוּ׳ זֻ׳

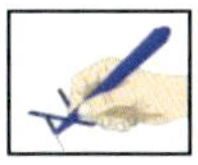 לִכְתּוֹב :

1. זֶה זָ׳קֶט? כֵּן זֶה זָ׳קֶט.

2. זֶה זָ׳אק? כֵּן זֶה זָ׳אק.

3. מַה יֵשׁ לְזָ׳אק? לְזָ׳אק יֵשׁ זָ׳קֶט.

4. זָ׳אק הוֹלֵךְ עִם זָ׳קֶט אָדוֹם? כֵּן.

לָשִׁיר :

זֹאת צִ׳יטָה, הִיא גָּרָה בַּגּ׳וּנְגֶּל.

זֹאת צִ׳יטָה, הִיא גָּרָה בַּגּ׳וּנְגֶּל.

זֶה צֶ׳לוֹ. זֶה צֶ׳לוֹ.

בַּבַּיִת יֵשׁ צֶ׳לוֹ גָּדוֹל.

לִקְרוֹא :

צְ׳ צָ׳ צַ׳ צִ׳י צִ׳ צֵ׳ צֶ׳ צ׳וֹ צֹ׳ צ׳וּ צֻ׳

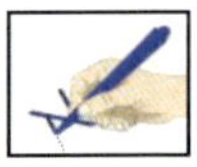
לִכְתּוֹב :

1. אֵיפֹה הַצִּ׳יטָה גָּרָה? בַּגּ׳וּנְגֶּל.

2. הַצִּ׳יטָה הוֹלֶכֶת? כֵּן, הִיא הוֹלֶכֶת.

3. בַּבַּיִת יֵשׁ צֶ׳לוֹ? כֵּן, בַּבַּיִת יֵשׁ צֶ׳לוֹ.

4. שֶׁל מִי הַצֶּ׳לוֹ? הַצֶּ׳לוֹ שֶׁל הַכַּנָּר.

לִכְתּוֹב :

בַּג'וּנְגֶל

בַּג'וּנְגֶל יֵשׁ גִ'ירָפוֹת

לְיַד הַנָּהָר וְקוֹפִים

עַל הָעֵצִים.

צָ'אק הוֹלֵךְ בַּג'וּנְגֶל.

לְצָ'אק יֵשׁ ז'ָקֶט אָדֹם.

לְצָ'אק יֵשׁ כָּרִיךְ.

הַצִ'יטָה הוֹלֶכֶת בַּג'וּנְגֶל לְיַד צָ'אק.

צָ'אק אוֹכֵל בַּג'וּנְגֶל.

צָ'אק אוֹכֵל בַּבַּיִת.

הַכְתָּבָה :

בַּג'וּנְגֶל

1. מַה יֵשׁ בַּג'וּנְגֶל? בַּג'וּנְגֶל יֵשׁ ג'ִירָפוֹת
לְיַד הַנָּהָר וְקוֹפִים עַל הָעֵצִים.

2. מִי הוֹלֵךְ בַּג'וּנְגֶל? ז'ָאק הוֹלֵךְ בַּג'וּנְגֶל
וְגַם הַצ'ִיטָה הוֹלֶכֶת בַּג'וּנְגֶל.

3. מַה יֵשׁ לְז'ָאק? לְז'ָאק יֵשׁ ז'ָקֶט אָדֹם
וְגַם כָּרִיךְ.

4. לְיַד מִי הוֹלֶכֶת הַצ'ִיטָה בַּג'וּנְגֶל? הַצ'ִיטָה
הוֹלֶכֶת בַּג'וּנְגֶל לְיַד ז'ָאק.

ז'ָאק אוֹכֵל בַּג'וּנְגֶל? לֹא, ז'ָאק אוֹכֵל
בַּבַּיִת.

לִכְתּוֹב, לְחַבֵּר מִשְׁפָּט וְצִיּוּר :

ךְ סוֹפִית בַּסּוֹף.

1. הַמּוֹרֶה הָלַךְ.

2. חַנָּה הוֹלֶכֶת בַּדֶּרֶךְ הַבַּיְתָה.

3. כָּךְ כּוֹתְבִים ךְ סוֹפִית בַּכִּתָּה.

הַכְתָּבָה :

4. יִשַׁי הָלַךְ ___ יָם

הַמּוֹרֶה הָלַךְ ___ ת.

5. שַׁחַר לֹא הָלַךְ ___ .

הַמּוֹרֶה שׁוֹ ___ ל ___ רֵ ___ .

6. אֵי ___ כּוֹתְבִים ___ ךְ ___ סוֹפִית בְּ ___ תָּה?

___ כּוֹתְבִים ___ ךְ ___ סוֹפִית בְּ ___ תָּה.

לִכְתּוֹב, לְחַבֵּר מִשְׁפָּט וְצִיּוּר :

ם סוֹפִית בַּסּוֹף.

1. שַׁחַר וְחַנָּה שָׁרִים? כֵּן, הֵם שָׁרִים.

2. אַבָּא וְאִמָּא בָּאִים? כֵּן, הֵם בָּאִים.

3. מַה יֵשׁ בַּמַּחְשֵׁב? בַּמַּחְשֵׁב יֵשׁ הָרִים.

הַכְתָּבָה :

4. לְיַד הַנָּהָר יֵשׁ עֵצִי
קְטַנִּי גַּ אֲדוּ ִי .

5. לְיַד הַנָּהָר יֵשׁ פְּרָחִי
קְטַנִּי גַּ כְּחוּלִי .

6. בַּנָּהָר יֵשׁ רַק דָּגִי גְּדוֹלִי ? לֹא, בַּנָּהָר
יֵשׁ דָּגִי קְטַנִּי גַּ דָּגִי גְּדוֹלִי .

לִכְתּוֹב, לְחַבֵּר מִשְׁפָּט וְצִיּוּר :

ן סוֹפִית בְּסוֹף.

1. בַּבָּלוֹן הַלָּבָן יֵשׁ בָּלוֹן קָטָן וְאָדוֹם.

2. לְרִינָה יֵשׁ בָּלוֹן גָּדוֹל וְכָחוֹל.

3. הַשֻּׁלְחָן הַקָּטָן לְיַד הַשֻּׁלְחָן הַגָּדוֹל.

הַכְתָּבָה :

4. הָעֲפִיפוֹן הַלָּבָן לְיַד
הַבָּלוֹן הַלָּבָן.

5. לְשַׁחַר אֵין בָּלוֹן לָבָן.
לְשַׁחַר יֵשׁ עֲפִיפוֹן לָבָן.

6. מִיקְרוֹפוֹן: אַתָּה רוֹצֶה עֲפִיפוֹן לָבָן?
שַׁחַר: כֵּן, אֲנִי רוֹצֶה עֲפִיפוֹן לָבָן.

לִכְתּוֹב, לְחַבֵּר מִשְׁפָּט וְצַיֵּר :

ף סוֹפִית בַּסּוֹף.

1. הַפַּרְפָּר עָף וְגַם הָעֲפִיפוֹן עָף. 

2. בְּסוֹף הַמַּחְבֶּרֶת יֵשׁ ף סוֹפִית. 

3. הַפַּרְפָּר בַּסּוֹף? לֹא, הָעֲפִיפוֹן בַּסּוֹף. 

הַכְתָּבָה :

4. הַ_רְ_ר הַכָּחוֹל עָ_?

כֵּן, הַ_רְ_ר הַכָּחוֹל עָ_.

5. הָעֲ_ִי_וֹן הָאָדוֹם עָ_?

כֵּן, הָעֲ_ִי_וֹן הָאָדוֹם עָ_.

6. הַבָּלוֹן הָאָדוֹם עָ_? כֵּן, הַבָּלוֹן הָאָדוֹם עָ_.

הַ_רְ_ר הָאָדוֹם עָ_? לֹא, הוּא נָח עַל הַ_רַח.

לִכְתּוֹב, לְחַבֵּר מִשְׁפָּט וְצִיּוּר :

ץ סוֹפִית בַּסּוֹף.

1. מַה יִשַׁי רוֹצֶה? יִשַׁי רוֹצֶה מִיץ.

2. לְיַד הַנָּהָר יֵשׁ עֵץ בְּצֶבַע כָּתוֹם.

3. זֶה עֵץ בְּצֶבַע כָּחוֹל.

הַכְתָּבָה :

4. לְשַׁחַר וְתָמָר יֵשׁ מִי .

לְיִשַׁי אֵין מִי .

5. שַׁחַר נָח לְיַד הָעֵ .

תָּמָר נָחָה לְיַד הָעֵ .

6. תָּמָר: אַתָּה רוֹ ה מִי ? יִשַׁי: כֵּן, אֲנִ

רוֹ ה מִי . בַּסּוֹף רַק לְיִשַׁי יֵשׁ מִי .